**Ingrid Kellner** studierte an der Graphischen Akademie München und arbeitete in der Werbung. Nach mehreren New-York-Aufenthalten machte sie sich selbstständig und illustriert seit 1972 Bilder-, Kinder-, Sach- und Schulbücher. Seit einigen Jahren ist sie auch als Autorin tätig.

**Katja Kersting** wurde 1971 in Dülmen geboren und hat in Münster Grafik-Design studiert. Sie illustrierte bereits während ihres Studiums Kinderbücher und arbeitet seit ihrem Diplom als freie Illustratorin für Kinder- und Jugendbuchverlage.

Ingrid Kellner

# Kleiner Indianer, schnell wie der Wind

Illustrationen von Katja Kersting

Loewe

*Bibliografische Information Der Deutschen Bibliothek*
Die Deutsche Bibliothek verzeichnet diese Publikation
in der Deutschen Nationalbibliografie;
detaillierte bibliografische Daten sind im Internet
über *http://dnb.ddb.de* abrufbar.

*Der Umwelt zuliebe ist dieses Buch*
*auf chlorfrei gebleichtem Papier gedruckt.*

ISBN 3-7855-4751-X – 1. Auflage 2003

Umschlagillustration: Katja Kersting
Redaktion: Rebecca Schmalz
Reihengestaltung: Angelika Stubner
Umschlaggestaltung: Andreas Henze

**www.loewe-verlag.de**

# Inhalt


Yana und Hopi 8

Hopi will lieber spielen 14

Yana bekommt Flügel 25

# Yana und Hopi

Yana und Hopi wohnen mit vielen anderen  beim großen .

„Heute gehen wir zusammen in den . Wir müssen  sammeln“, sagt ihre Mutter, als die  aufgeht. „Und wir brauchen  für unser .“

„Prima!“, lachen Yana und Hopi.

Sie wandern durch das hohe 

bis zum . Unter den 

findet Yana viele schöne .

Sie macht aus  einen 

und legt die  hinein.

Hopi aber will keine  sammeln,

er möchte viel lieber spielen.

Der kleine  schaut den  zu

und rennt den  nach.

„Hopi, du sollst uns helfen!“,

ruft seine Mutter. Doch er hört nicht.

Als die Mutter von Yana und Hopi

genug  gesammelt hat und

zurück zum  gehen will, ist der

kleine  nirgends mehr zu sehen.

„Ich werde Hopi suchen“, schlägt Yana vor und geht seiner  nach. Doch was ist das? Neben der  des kleinen  entdeckt Yana noch eine . Sie führt zu einem kleinen , der am  sitzt.

„Hast du Hopi gesehen?“, fragt Yana.

Der  nickt: „Er ist zum 

gelaufen.“ – „Danke“, sagt das 

und schenkt dem  einen 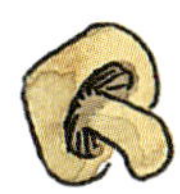.

Der  schrubbt den 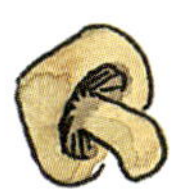 gleich

sauber und knabbert ihn auf.

# Hopi will lieber spielen

Yana läuft am  entlang bis zum großen . Dort hat der  seine  gebaut, mitten im . Auf der  spielt Hopi mit einem kleinen .

„Hopi, komm her!“, ruft Yana.

Aber der kleine  lacht nur.

„Nein, ich will bei dem kleinen  bleiben und spielen.“ Schnell nimmt das  die  eines  und macht daraus ein . Damit paddelt sie hinüber zur .

Aber der kleine  ist schon wieder verschwunden. „Wo ist Hopi jetzt?“, fragt Yana, doch der  will es nicht verraten. Da gibt Yana ihm einen . Jetzt antwortet der :

Yana reibt sich die .

„Hoppla“, brummt der große .

„Wir sind da. Aber jetzt muss ich

wieder zurück zum kleinen 

und meiner .“

Das  steht ganz allein vor dem blauen . Er ist so kalt und glatt, dass Yana nicht hinaufklettern kann. Traurig setzt sie sich ins . Wie soll sie nur zu Hopi kommen?

# Yana bekommt Flügel

Da bemerkt Yana eine alte ,
die aus einer kleinen  kommt.
„Warum weinst du?“, fragt die 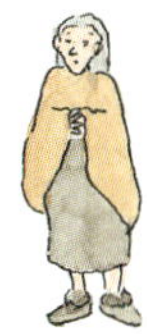
das  freundlich. „Weil ich nicht
auf den  klettern kann. Ganz
oben hat der  sein . Dort
ist Hopi gefangen“, antwortet Yana.

„Ich muss ihn wieder zurück zu den anderen  bringen. Bitte, hilf mir!“

„Was gibst du mir dafür?“, fragt die weise alte . Das  überlegt.

„Ich habe keine  mehr.

Aber vielleicht willst du meine ?“

„Danke“, sagt die weise alte  .

Dann geht sie in ihre  und holt

einen  aus . Den legt sie

Yana um die 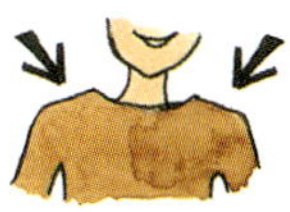. Dabei singt sie:

„Flieg wie der , stark und frei.

Mit  wie ein  sei!“

„Ich kann fliegen!“, jubelt Yana.

Mit dem  fliegt das  bis oben auf den blauen . Es landet direkt beim  des , wo Hopi mit den  spielt. Der große  breitet seine  über ihnen aus.

Als der kleine  Yana bemerkt,

lacht er und sagt: „Jetzt habe ich

genug gespielt. Zuerst mit dem ,

dann mit dem kleinen  und

jetzt mit den . Nun will ich

zurück zu den anderen .“

Yana nimmt Hopi in die 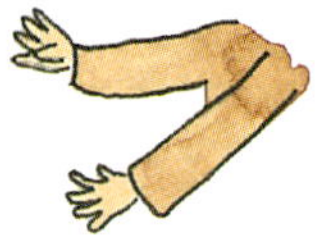 und

schwebt mit ihm bis vor die 

der weisen alten . „Hier hast

du den  zurück“, sagt das .

„Behalte ihn“, lächelt die alte .

„Danke“, sagt Yana und fliegt

mit Hopi den ganzen, weiten 

zurück: über die  der ,

den  und den großen .

Endlich landet sie vor ihrem .

Um das  sitzen schon

die anderen  und feiern.

„Vater! Mutter!“, ruft Hopi fröhlich,

und Yana freut sich auch.

Der Vater der kleinen  hat

Yana eine bunte  mitgebracht.

Hopi bekommt  und 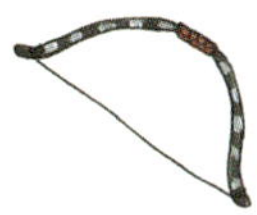.

Damit kann er morgen spielen.

## Die Wörter zu den Bildern:

Indianer

Wald

Pilze

Sonne

Holz

Lagerfeuer

Gras

Bäume

Zweige

Korb

Indianerjunge

Käfer

Vögel

Tipi

Spur

Waschbär

Bach

Biber

Indianermädchen

Felsen

Biberburg

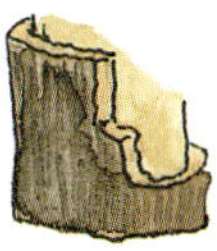
Rinde

Kanu

Ufer

Bär

Höhle

Äste

Baumspitze

Adler

Krallen

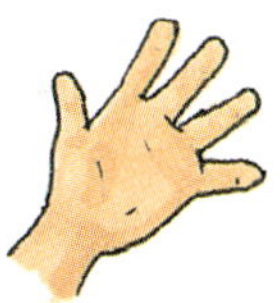
Hand

Mund

Kopf

Nest

Berg

Weg

Rücken

Augen

Frau

Hütte

Kette

Umhang

Federn

Schultern

Flügel

Adlerjungen

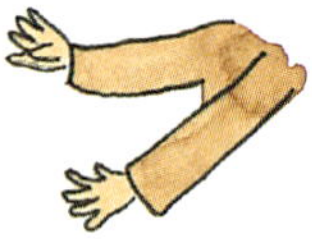

Arme

Pfeil

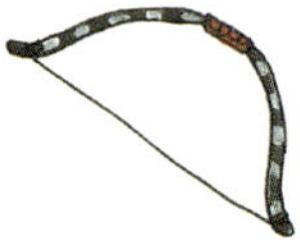

Bogen

Lese Frosch
Mit Bildern lesen lernen!
Robby und die Detektive
Julia Boehme · Johanna Ignjatović
Vier Detektive suchen den Dackeldieb
Hexe Peperina und das Kinderfest
Claudia Ondracek · Jan Birck
Hexe Peperina und ihr Traumhaus
Claudia Ondracek · Jan Birck
Hexe Peperina und der Weihnachtszauber
Claudia Ondracek · Jan Birck
Hexe Peperina rettet den Zauberer
Hexe Peperina und die große Überraschung
Claudia Ondracek · Jan Birck
Die Roten Raketen stürmen los
Julius Paul · Betty Sock
Die Roten Raketen sind unbesiegbar
Julius Paul · Betty Sock
Die Roten Raketen starten durch
Julius Paul · RoooBERT
Das kleine Burggespenst in der Schule
Claudia Ondracek · Christian Zimmer
Das kleine Burggespenst beim Ritterfest
Claudia Ondracek · Christian Zimmer
Viel Wirbel auf dem Bauernhof
Drei kleine Freunde reißen aus
Bei der Feuerwehr ist was los!
Ulrich Heiß · Christian Zimmer
Abenteuer mit dem Wunderpony
Julia Boehme · Ines Rarisch
Mit Zaubern macht die Schule Spaß
Christina Koenig · Dorothea Tust
Mit Bildern lesen lernen
Loewe